Simular ser una
persona normal
día tras día
es agotador

ISBN: 978-1-59842-991-6

Impreso en China.
Segunda impresión en español: 2017

Este libro se imprimió en papel reciclado.

Este libro está impreso en papel que ha sido producido especialmente para estar libre de ácido (pH neutral) y no contiene madera triturada ni pulpa no blanqueada. Cumple todos los requisitos del American National Standards Institute, Inc., lo que garantiza que este libro sea duradero y pueda ser disfrutado por generaciones futuras.

Blue Mountain Arts, Inc.
P.O. Box 4549, Boulder, Colorado 80306, EE.UU.

Simular ser una persona normal día tras día es agotador

Suzy Toronto

Artes Monte Azul™
Blue Mountain Arts, Inc., Boulder, Colorado

Simular ser una

persona normal

día tras día es agotador

William Shakespeare escribió,
"Y sobre todo: sé sincero contigo mismo".
¡Cómo dio en el clavo!
Muchos de nosotros pasamos por etapas
en las que creemos que tenemos que ser,
actuar y lucir como todos los demás
para adaptarnos.
Yo lo intenté, y no funcionó.
Ahora me doy cuenta
de que Dios no quiere una orquesta
de instrumentos idénticos
que toquen todos la misma melodía,
así que me olvidé del status quo
y decidí ser simplemente quien soy.

¡Además, simular ser una persona normal
día tras día es agotador!

SE BUSCA:
NO TENER REMORDIMIENTOS
DIARIO DE NOTICIAS
EL PASADO YA PASÓ
¡DÉJALO IR!
ANHELA
SIGUE ADELANTE

Nadie quiere estar constantemente diciendo
"habría, debería haber, podría haber"...
siempre mirando atrás, cuestionando cada decisión
y preocupándose por lo que podría haber sido.
Pero es extraño cómo podemos aferrarnos al pasado,
pensar que podemos encontrar
un botón que diga "rehacer"
y crear un final completamente distinto.
Todo lo que esto hace es llenarnos
de culpa y remordimiento
y convertir nuestra decisión de vivir
una vida que valga la pena amar
en una temblorosa masa de gelatina. ¡Puaj!

Bueno, tengo una noticia de último momento para ti.
¡El pasado ya pasó!
Nada de lo que hagas podrá cambiar eso.
¡Así que déjalo ir y libérate!
Comienza en este preciso instante por honrar
tu valor individual y aceptar
la responsabilidad por tus elecciones.
Despréndete de lo viejo, acoge lo nuevo,
y haz que el día de hoy —
aquí mismo y ahora mismo — sea tu foco.
Este es el momento para vivir tu vida
como realmente quisiste que fuera
y finalmente convertirte en el magnífico espíritu libre
que siempre quisiste ser...
una mujer que realmente vive la vida
sin remordimientos.

¡La vida es demasiado breve para usar pantis!

No puedo pensar en nada
más incómodo, claustrofóbico
o irritante que un par de pantis.
Quien sea que las inventó o
bien odiaba a las mujeres,
le interesaba la tortura sádica o,
por lo menos, nunca se probó un par.

Preferiría un tratamiento de conducto
que menearme y sacudirme
para ponerme un par —
mucho menos llevarlas puestas todo el día.
(No es de gran ayuda que dichas medias
se asocien normalmente con algún tipo de
zapato ajustado, confinado, inflexible
que deja mis pies exánimes.)

Además, ¿cómo podría alardear
de mi nueva pedicura,
anillitos para pies y modernas ojotas
si estoy estrujada dentro
de un invento tan ridículo?
¡La vida es demasiado breve para usar pantis!

Siempre colorea
POR FUERA
de las
líneas

Cuando era niña me enseñaron a siempre pintar
el cielo de azul y la hierba de verde.
Me dijeron que fuera muy cuidadosa
y me mantuviera dentro de las líneas.

¿Por qué hicieron eso?
La vida está demasiado llena de posibilidades
para adaptarnos a reglas irrelevantes
que al final no importan.
Las reglas como estas reprimen nuestra creatividad
y detienen nuestro progreso
hacia el logro de nuestro potencial pleno.
Descarta esos dictados
que definen tus viejos parámetros
y busca los colores que nunca has probado.
Salpica el violeta, el melón y el amarillo verdoso
sobre tu trabajo… y derrámalo
en el piso si tu espíritu así te inspira.

Porque este es el momento
de abrazar tu creatividad.
Rompe las reglas…
y hagas lo que hagas,
no te preocupes por
mantenerte dentro de las líneas.

Cuando todos
van para un lado...
¡ve para el otro!

Siempre que veo una multitud yendo apresurada
en la misma dirección,
sé que es momento de comenzar a pensar
en ir en la dirección contraria.
Cuando todos van para un lado...
¡es momento de ir para el otro!

Cambiar de curso en el medio del viaje
puede ser un punto de inflexión en la vida de cualquiera.
Pero nadar en contra de la corriente es difícil,
y andar dando volteretas como pez fuera del agua
sin un sentido de dirección claro puede ser atemorizante.
Y lo más difícil ni siquiera es nadar corriente arriba.
Es esa bifurcación en el río... la que
marca tu nuevo curso hacia aguas desconocidas
y cambia todo el resultado.
Es cuando te apartas de aquellos que van en una dirección
todos detrás de lo mismo y te desvías
para seguir la tuya propia.
Cualquier gran logro no se trata nunca de sólo
tener una idea, una invención, un concepto.
Se trata de aprovechar esos diez segundos
de coraje que tienes
cuando tu corazón te dice que saltes
y lo haces en contra de la corriente.
Allí es cuando realmente comienzas
a vivir una vida que valga la pena amar.
Así que confía en tu corazón, piensa lateralmente
¡y no tengas miedo a ir en la dirección opuesta!

Elévate
al
levantar
a otros
¡No es necesario
aire caliente!
Viajes en globo
de aire del
corazón gratis
© Suzy Toronto

Todo el mundo quiere avanzar en este mundo,
pero es difícil cuando la gente
se comporta de manera desconsiderada.
Se inflan de vanidad, buscan atención y adulación,
y terminan pasando por encima de quien
puedan para llegar más alto.
Muchos de nosotros sabemos cómo se siente —
¡he estado allí! ¡he hecho eso! —
y verdaderamente no es muy divertido.

El hecho es que subir hasta la cima verdadera
es mucho más fácil de lo que suena.
Sólo abandona la idea de que necesitas subir
a algún lugar o alguna cosa y concéntrate
en elevarte e inspirar a otros a lo largo de su camino.
Cuando dejes de confundirte,
terminarás encontrando una dicha extraordinaria
en observar cómo los sueños de los demás levantan vuelo.

Y aquí viene lo mejor.
En el proceso, estos se convierten en
el "viento debajo de tus alas".
Flotamos sin esfuerzo hacia la cima
y nos encontramos elevándonos más alto que nunca.
El paseo es genial y la vista es maravillosa.
Así que inspira, levanta y empodera a los demás.
Es el secreto de la grandeza verdadera y perdurable.

Es posible que hagamos tonterías...
¡pero las hacemos con
entusiasmo!

En nuestro esfuerzo por hacernos pasar por personas que realmente somos organizadas, a menudo se nos escapan tonterías, burradas y papelones. A veces esos pasos en falso son tan inolvidables que comienzan a cobrar vida propia. Metemos tanto la pata o nuestras faldas se levantan tanto sobre nuestras cabezas que es difícil que el espectáculo pase inadvertido.

Aquí es donde reírnos de nosotros mismos es una virtud que nos salva la vida… porque cuando aceptamos nuestros errores y sacamos el mayor provecho a la situación, podemos simplemente seguir adelante. Después de todo, si va a haber una elefanta enorme y torpe en la habitación, ¡más te vale presentarla!

Así que la próxima vez que tu
"tonto" interno se escape,
haz acopio de toda
la energía salvaje
que posees,
¡alza tus brazos en el aire
y dale al mundo
una sonrisa bizca!

Después de todo, es posible que
hagamos tonterías…
¡pero al menos las hacemos
con entusiasmo!

No existen límites a las tonterías que puedo lograr cuando debería estar haciendo otra cosa

¿Dónde dice en el libro de la vida que
absolutamente todo lo que
hacemos tiene que
ser productivo, cumplir una tarea,
y ser digno
de ser presentado en el
libro de records mundiales?
A veces pienso que nos
enfrascamos tanto en
lograr todo lo que está
en nuestra lista que
olvidamos la
tremenda
paz y el consuelo
que encontramos en las
cosas simples
que les dan a
nuestros cuerpos
y mentes un respiro.

Nos obsesionamos tanto con la glorificación
de los negocios — volviéndonos esclavos
de los plazos
y las agendas electrónicas — que olvidamos
anotar "en lápiz" algo de tiempo para nosotros.

¡La verdad es que hacerlo todo y ser todo es agotador!
Y, extrañamente, la lucha interminable termina por
hacernos menos productivos
de lo que seríamos si sólo bajáramos la marcha
y nos permitiéramos hacer las cosas que
le dan a nuestras vidas alegría, realización y verdadero sentido.

Así que... en el medio de nuestros ocupados horarios,
nuestros calendarios superpoblados,
y nuestros infinitos cuadros de flujo,
salgamos de la vía rápida, cancelemos las listas electrónicas,
y en su lugar anotemos "en tinta" algo de tiempo
para respirar... reír...
y dominar el arte de simplemente no hacer nada.
¡Estoy segura de que encontraremos que no hay límites
a las tonterías que podemos lograr cuando
deberíamos estar haciendo otra cosa!
Así que digámosle SÍ a un sentido renovado
de extravagancia y locura con unas
pocas horas de diversión,
transformadora y no planificada.

VOLVERME ADULTA ES lo más tonto que he hecho en la vida

Al igual que la mayoría de los jóvenes,
yo estaba ansiosa por ser mayor de edad,
ser libre de hacer mis propias elecciones
y tomar mis decisiones
sobre mi vida, y ser
una verdadera adulta certificada.
Quería, deseaba y esperaba con anticipació
mi cumpleaños para poder declarar a
el mundo que era oficialmente adu
¿Pero saben qué?
Volverme adulta es,
sin excepción,
lo más tonto
que he hecho en mi vida.

Ahora me pregunto por qué tenía tanta prisa.
¿Por qué pensaba que ser responsable de todos
y todo en el universo conocido era algo
que necesitaba hacer?
¿Por qué pensaba que dejar atrás
los despreocupados días de mi juventud
a cambio de tener
que actuar como adulta iba a ser tan fabuloso?
Sé que envejecer es obligatorio —
pero crecer no lo es. En realidad, ¡pienso
que es un trampa que hay evitar a toda costa!

Después de pensarlo mucho, he decidido
que ser adulta simplemente no funciona para mí.
¡Pero quizás, sólo quizás, no sea demasiado tarde!
He aquí mi plan: de ahora en más voy a dejar
de ignorar a mi niña interior
y adoptar todas las cosas "infantiles".
Voy a vivir, amar, dar y jugar con la vibrante
pasión, el ánimo y la espontaneidad que una vez tuve.
Así que estén advertidos —
¡la niña que está en mí está saliendo!

Y si sienten la necesidad de darme leche y galletas,
limpiar mi cara y ponerme a dormir la siesta,
para mí está bien también.
Porque cuando se trata de la niñez,
¡yo pulso el botón que dice "rehacer"!
¿Quieren jugar?

¡Hagamos
algunas olas
...y realmente
sacudamos
al
mundo!
©Suzy Toronto

"Ahora sé una buena niña,
y no hagas olas".

Ese tiene que ser la frase
más ridícula que he oído.
No sólo planeo hacer olas,
estoy tratando de ver
cómo iniciar un tifón
y realmente sacudir al mundo.
Creo que jugar a ser "pequeña" y tímida
ya no sirve más.
Cuando dejamos que nuestro poder y nuestra luz
brillen plenamente desde nuestro interior,
inconscientemente le damos a los demás
permiso para hacer lo mismo.
Y al hacerlo, nos levantamos cada día
para vivir una vida que no sólo vale la pena vivir,
sino que también vale la pena amar.
Así que seamos el cambio que el mundo necesita.
Establezcamos un nuevo estándar.
Marquemos la diferencia
cuando sea y donde sea que podamos.
Y mientras lo estamos haciendo...
¡hagamos algunas olas!

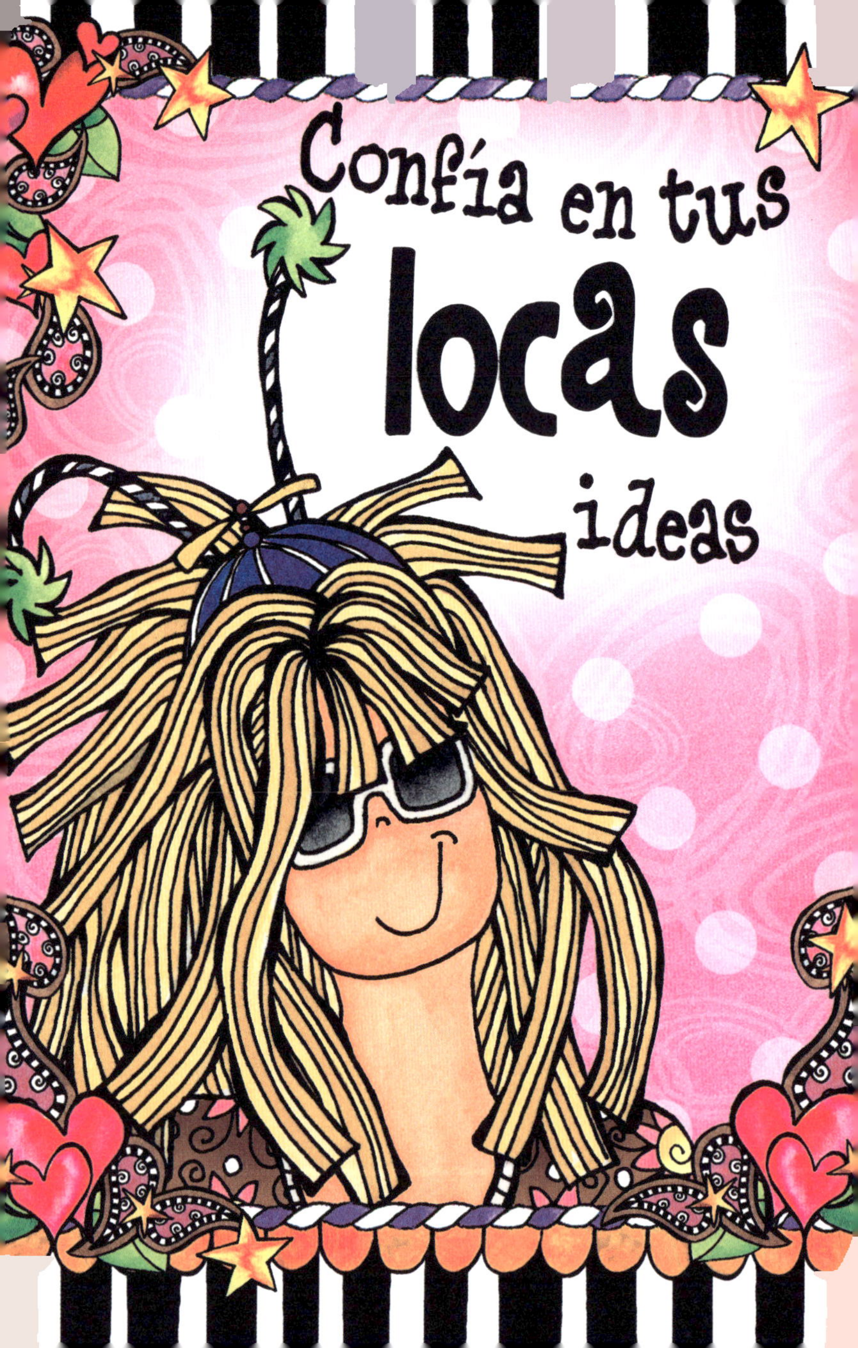
Confía en tus
locas
ideas

Algunas ideas suenan lógicas
desde un principio.
La rueda y el fuego fueron obviamente
grandes conceptos desde el inicio.

Pero me pregunto quién fue el primero
en mirar una gallina
poner un huevo y decir, "Oye, comamos eso".
Probablemente se encontró
con algunos ojos escépticos.
En esa época, nadie tenía visiones
de pasteles esponjosos, altos merengues,
deliciosos omelets o delicados soufflés.

Las ideas nuevas siempre encuentran
críticas y oposición.
Y la mayor parte de los inventos comienzan
en el sótano de alguien
a manos de un hombre o mujer con una visión.
La clave es creer en uno mismo
y perseverar.

Así que confía en tus locas ideas.
¡Podrían cambiar el mundo!

El arte
NO TIENE QUE
COMBINAR CON SU SOFÁ

Quiero saber dónde dice,
"El arte que pones en tu casa
tiene que combinar con tu sofá".
Primero que todo, el arte no fue hecho
para decorar tu casa...
el arte fue hecho
para decorar tu alma.
Es el distintivo
de cada civilización
que dejó alguna vez
su marca en la tierra.
Rompe todas las reglas y
sacude el polvo
de la vida cotidiana.

Con un poder así,
¿a quién le importa si
combina con tu sofá?
¡Deja que combine con tu alma!

Una corona invisible:

¡no salgas de casa sin ella!

Algunos de nosotros nacimos
con brillantina en nuestras venas.
Pero, aunque sea aburrido, realmente hay momentos
en que tenemos que simular ser normales,
sin importar lo agotador que sea.
(¡A veces tenemos que simplemente adaptarnos!)

Y aunque prometo nunca dejar que nadie opaque
mi brillo, hay días en que es más simple ponerme
mi corona invisible y dirigirme hacia la puerta.
Yo sé que está allí... aunque nadie más pueda verla.
Mientras se posa en mi cabeza, ligeramente ladeada,
me da el poder de brillar, destellar, e iluminar
en los momentos más maravillosamente azarosos.
A veces incluso utilizo el botón secreto
que está justo detrás de mi oreja,
desconocido para todos los que me rodean,
y que hace que mi corona titile locamente
y hace sonar mi canción favorita tan alto
que ahoga a todos
y todo lo que me rodea.
Por supuesto, está a un decibel que sólo
otras maravillosas y locas mujeres pueden oírlo.
¡Pero, eso funciona bien para mí!

Así que no te desesperes si ocasionalmente
necesitas simular ser normal.
Sólo ponte tu corona invisible,
y mantén tu brillo destellando intensamente.

…¡Pero me gusta ser una reina del melodrama!

Más de una vez,
alguien me ha puesto
los ojos en blanco
y me ha dicho
que deje de ser
tan melodramática.

En lugar de pararme en seco,
esa breve frase me da ganas de tomar
una lata de pegamento en aerosol en una mano
y un frasco de brillantina en la otra y decir,
"¡No estás entendiendo nada"!
y luego cubrirlos con una
generosa capa de brillo iridiscente pegajoso.

Pero en cambio, respiro hondo
y rezo una oración en silencio.
Rezo por tener la fuerza de nunca jamás escuchar
a nadie que me diga que deje de ser yo misma.
Luego prometo adoptar para siempre el drama,
inspirar la chispa de pasión que enciende
un fuego en mi corazón, y siempre rodearme
de la salvaje energía que hace estremecer mi corazón.

Tú lo sabes, yo lo sé:
a veces nosotras las maravillosas mujeres chifladas
necesitamos darle poder
a nuestras reinas internas del melodrama
para ayudarnos a generar la emoción, pasión y diversión
que verdaderamente hagan que valga
la pena amar nuestras vidas…
no importa cuántos ojos
se pongan en blanco en el camino.

Así que monta tu escena real.
Escribe el guión de tu apasionada actuación.
¡Y lleva esa corona con orgullo!

La edad
no es más
que un
estado
mental

¿Qué edad tienes?
Personalmente, en este momento,
No tengo idea de cuál es mi edad.
Recuerdo algunos cumpleaños clave,
tú sabes, 18, 21, 40…
pero en mi cabeza, nada ha cambiado nunca.
Sigo preguntándome cuándo
todos se pondrán al tanto
del hecho de que durante los últimos treinta años
he estado haciendo pasar por adulta.

Quizás, como dice el antiguo adagio,
"sólo somos tan viejos como nos sentimos".
En ese caso, permaneceré perdida en mi desconcierto…
porque realmente, la vida es cómo la hacemos
y la edad no es nada más que un estado mental.

Cuando la vida te dé una
segunda oportunidad...
¡aprovéchala!

A veces la vida te da una segunda oportunidad.
Justo en el medio de lo que parece
una gran pila de basura,
aparece un pequeño anillo de bronce
a tu alcance,
que te da la oportunidad de empezar de nuevo.

No te alejes o cuestiones
si es tu turno;
estira el brazo con toda la fe que tengas.
¡Apodérate de ese anillo en todo su valor
y nunca lo abandones!

Los milagros suceden,
y a veces la vida te da
una segunda oportunidad.
Así que no esperes un segundo más…
¡aprovéchala!

Está bien atrapar un tigre por la cola...

¡incluso si no sabes qué hacer después!

A veces volar sin instrumentos puede llegar a ser un poco loco — parecido a atrapar un tigre por la cola sin saber qué hacer después. La mayor parte de mi vida he echado la precaución por la borda, me he lanzado de cabeza y aprendía a nadar en el camino.

Pero las cosas no siempre salen como planeamos. Muchas veces el agua era demasiado profunda o las alas que esperaba nunca aparecieron… ¡a veces ambas cosas! Pero cada vez que me seco y me alisto para intentarlo de nuevo, no me concentro en el salto mal calculado o qué papelón inimaginable debo haber hecho *esa* vez. Porque la verdadera tragedia sería que nunca lo hubiese siquiera intentado.

Salir de la zona de seguridad y arriesgarse vale todos los golpes y moretones que te puedas dar en el camino. Una vez que tu aventura ha comenzado, hallarás que el viaje es divertido, las posibilidades infinitas y el camino es verdaderamente sorprendente.

Así que en serio, ¿qué estás esperando? Tú tienes el poder, el conocimiento, y la motivación dentro tuyo para realizar proezas extraordinarias, pero tienes que estar dispuesta a arriesgarte… tienes que atrapar esa cola del tigre y aferrarte como a tu propia vida mientras te revolea.

Todo progreso proviene de animarse a comenzar.
¡Así que respira hondo, y disfrútalo!

¿Eres una mujer salvaje y maravillosa?
Toma este examen y averígualo...

☑ ¿Estás dispuesta a seguir tus sueños
con tus brazos agitándose, tu cabello al viento,
y gritando con todas tus fuerzas?

☑ ¿Estás un poco desquiciada…
o sólo casi loca?
¿Sabes cómo divertirte
y aprovechar cada momento de tu vida
con pasión y entusiasmo?

☑ ¿Eres maravillosa?
(No hace falta un test aquí… déjame
responder por ti.) ¡SÍ! Absolutamente,
positivamente, sin ninguna duda.

Bueno, felicitaciones…
aprobaste el examen.
Eres una mujer
salvaje y maravillosa.
Bienvenida al club, Hermana…
Bienvenida a mi mundo.

Acerca de la autora

Así que esta soy yo... soy un poco desquiciada y casi loca. Tengo cincuenta y tantos años y vivo en el tranquilo pueblo de Tangerine, Florida, con mi esposo, Al, y una perra grandota y torpe llamada Lucy. Y porque la vida no era lo suficientemente alocada, mis padres de ochenta y tantos años viven también con nosotros. (¡En mi casa, de tal palo tal astilla!) Como demasiado chocolate, bebo galones de agua con gas. Practico yoga, ando en un pequeño scooter rojo y voy a la playa siempre que tengo la oportunidad. Tengo cinco hijos ya crecidos y más de una docena de nietos que me aman tanto como yo los adoro. Les enseño a mojar sus papas fritas en la malteada de chocolate y a cantar viejas letras con la tonada que les guste. Pero sobre todo, les enseño a nunca jamás pintar por dentro de las líneas. Esta es la vida alocada que llevo y no querría que fuera de ninguna otra manera. ¡Bienvenidos a mi mundo!